Orando Para No Tener Problemas en mi Vida
Un Diario Devocional de Oración de 13 Semanas

Autora Galardonada Internacionalmente Toneal M. Jackson

www.WeAreAPS.com

Copyright © 2020 por Toneal M. Jackson

Todos los Derechos Reservados.

Ninguna parte de este libro puede reproducirse de forma mecánica, electrónica o por cualquier otro medio, incluidas las fotocopias, sin el permiso por escrito del editor.

ISBN: 978-1-945145-73-5

Nota de la Autora

El propósito del Diario devocional de oración es llevarlo a un estilo de vida de oración al familiarizarse más con Dios. La oración es nuestra forma de comunicarnos con Dios. Más que un momento para proporcionar una lista de demandas (las cosas que queremos y necesitamos), la oración es un estado mental espiritual. Es un momento en el que no solo hablamos con Dios, sino que esperamos escucharlo. Nuestras vidas de oración pueden carecer de sustancia porque no oramos de manera constante.

A menudo, he escuchado a personas decir: "No sé cómo rezar" o incluso, "No sé qué rezar". Este Diario devocional de oración interactivo está diseñado para enseñar métodos de oración. Se proporciona una escritura semanal, con una explicación de cómo las Escrituras se aplican a cada persona, así como consejos de oración que pueden ayudarle a mejorar su vida de oración.

Semana 1

Proverbios 3:5

Fíate de Jehová con todo tu corazón, Y no te apoyes en tu propia prudencia."

Explicación

Debe confiar en Dios completamente. Debe estar dispuesto a cederle el control. Debe consultar con Él sobre cada circunstancia.

Consejo de Oración

Pídale a Dios que le ayude a renunciar al control de su vida y le conceda el control total.

Lunes

¿Cómo darle poder completo a Dios puede beneficiar a su pareja? Tómese el tiempo para comunicarle a Dios por qué cree que esta solicitud es importante para su pareja.

Mi oración por mi pareja:

_____
_____
_____
_____
_____
_____
_____
_____
_____
_____

Martes

¿Cómo darle poder completo a Dios puede beneficiar a sus hijos? Tómese el tiempo para comunicarle a Dios por qué cree que esta solicitud es importante para ellos.

Mi oración para mis hijos:

_____
_____
_____
_____
_____
_____
_____
_____
_____
_____
_____
_____
_____

Miércoles

¿Cómo darle poder completo a Dios puede beneficiar a su familia? Tómese el tiempo para comunicarle a Dios por qué cree que esta solicitud es importante para ellos.

Mi Oración para mi familia:

_____
_____
_____
_____
_____
_____
_____
_____
_____
_____
_____

Jueves

¿Cómo darle poder completo a Dios puede beneficiar a su iglesia y pastor? Tómese el tiempo para comunicarle a Dios por qué cree que esta solicitud es importante para ellos.

Mi Oración para mi iglesia y pastor:

_____
_____
_____
_____
_____
_____
_____
_____
_____
_____
_____
_____

Viernes

¿Cómo darle poder completo a Dios puede beneficiar a su jefe y compañeros de trabajo? Tómese el tiempo para comunicarle a Dios por qué cree que esta solicitud es importante para ellos.

Mi oración para mi jefe y compañeros de trabajo:

_____
_____
_____
_____
_____
_____
_____
_____
_____
_____

Sábado

¿Cómo darle poder completo a Dios puede beneficiar a sus enemigos? Tómese el tiempo para comunicarle a Dios por qué cree que esta solicitud es importante para ellos.

Mi Oración para mis enemigos:

_____
_____
_____
_____
_____
_____
_____
_____
_____
_____
_____
_____
_____

Domingo

¿Cómo darle poder completo a Dios puede beneficiarle? Tómese el tiempo para comunicarle a Dios por qué cree que esta solicitud es importante.

Mi Oración para mí:

_____
_____
_____
_____
_____
_____
_____
_____
_____
_____
_____

Semana 2

1 Corintios 13:7

"Todo lo excusa, todo lo cree, todo lo espera, todo lo soporta."

Explicación

El amor juega un papel vital en nuestras vidas. No necesariamente una referencia al amor romántico, sino al regalo del amor que Dios nos ha dado. Cuando se ejecuta con el espíritu correcto, el amor siempre ganará.

Consejo de Oración

Ora para que Dios te muestre cómo amar.

Lunes

¿Cómo vivir con el amor de Dios puede beneficiar a su pareja? Tómese el tiempo para comunicarle a Dios por qué cree que esta solicitud es importante para su pareja.

Mi oración por mi pareja:

_____
_____
_____
_____
_____
_____
_____
_____
_____

Martes

¿Cómo vivir con el amor de Dios puede beneficiar a sus hijos? Tómese el tiempo para comunicarle a Dios por qué cree que esta solicitud es importante para ellos.

Mi oración para mis hijos:

_____
_____
_____
_____
_____
_____
_____
_____
_____
_____
_____
_____

Miércoles

¿Cómo vivir con el amor de Dios puede beneficiar a su familia? Tómese el tiempo para comunicarle a Dios por qué cree que esta solicitud es importante para ellos.

Mi Oración para mi familia:

_____
_____
_____
_____
_____
_____
_____
_____
_____
_____
_____

Jueves

¿Cómo vivir con el amor de Dios puede beneficiar a su iglesia y pastor? Tómese el tiempo para comunicarle a Dios por qué cree que esta solicitud es importante para ellos.

Mi Oración para mi iglesia y pastor:

_____
_____
_____
_____
_____
_____
_____
_____
_____
_____
_____
_____
_____

Viernes

¿Cómo vivir con el amor de Dios puede beneficiar a su jefe y compañeros de trabajo? Tómese el tiempo para comunicarle a Dios por qué cree que esta solicitud es importante para ellos.

Mi oración para mi jefe y compañeros de trabajo:

_____
_____
_____
_____
_____
_____
_____
_____
_____
_____

Sábado

¿Cómo vivir con el amor de Dios puede beneficiar a sus enemigos? Tómese el tiempo para comunicarle a Dios por qué cree que esta solicitud es importante para ellos.

Mi Oración para mis enemigos:

_____
_____
_____
_____
_____
_____
_____
_____
_____
_____
_____
_____

Domingo

¿Cómo vivir con el amor de Dios puede beneficiarle? Tómese el tiempo para comunicarle a Dios por qué cree que esta solicitud es importante.

Mi Oración para mí:

_____
_____
_____
_____
_____
_____
_____
_____
_____
_____
_____

Semana 3

Salmos 139:14

"Te alabo, porque formidables, prodigiosas son tus obras; Prodigio soy yo mismo, Y mi alma lo sabe muy bien."

Explicación

Debemos aceptar que somos obra de Dios. Por lo tanto, debemos abrazar quienes somos porque Dios nos hizo.

Consejo de Oración

Ore para que Dios le dé para amarse a usted mismo.

Lunes

¿Cómo aceptar quiénes somos en Dios puede beneficiar a su pareja? Tómese el tiempo para comunicarle a Dios por qué cree que esta solicitud es importante para su pareja.

Mi oración por mi pareja:

_____
_____
_____
_____
_____
_____
_____
_____
_____
_____
_____

Martes

¿Cómo aceptar quiénes somos en Dios puede beneficiar a sus hijos? Tómese el tiempo para comunicarle a Dios por qué cree que esta solicitud es importante para ellos.

Mi oración para mis hijos:

_____
_____
_____
_____
_____
_____
_____
_____
_____
_____
_____
_____
_____

Miércoles

¿Cómo aceptar quiénes somos en Dios puede beneficiar a su familia? Tómese el tiempo para comunicarle a Dios por qué cree que esta solicitud es importante para ellos.

Mi Oración para mi familia:

_____
_____
_____
_____
_____
_____
_____
_____
_____
_____
_____

Jueves

¿Cómo aceptar quiénes somos en Dios puede beneficiar a su iglesia y pastor? Tómese el tiempo para comunicarle a Dios por qué cree que esta solicitud es importante para ellos.

Mi Oración para mi iglesia y pastor:

_____
_____
_____
_____
_____
_____
_____
_____
_____
_____
_____
_____

Viernes

¿Cómo aceptar quiénes somos en Dios puede beneficiar a su jefe y compañeros de trabajo? Tómese el tiempo para comunicarle a Dios por qué cree que esta solicitud es importante para ellos.

Mi oración para mi jefe y compañeros de trabajo:

_____
_____
_____
_____
_____
_____
_____
_____
_____
_____

Sábado

¿Cómo aceptar quiénes somos en Dios puede beneficiar a sus enemigos? Tómese el tiempo para comunicarle a Dios por qué cree que esta solicitud es importante para ellos.

Mi Oración para mis enemigos:

_____
_____
_____
_____
_____
_____
_____
_____
_____
_____
_____
_____

Domingo

¿Cómo aceptar quiénes somos en Dios puede beneficiarle? Tómese el tiempo para comunicarle a Dios por qué cree que esta solicitud es importante.

Mi Oración para mí:

_____
_____
_____
_____
_____
_____
_____
_____
_____
_____
_____
_____

Semana 4

Josué 1:9

"Mira que te mando que te esfuerces y seas valiente; no temas ni desmayes, porque Jehová tu Dios estará contigo en dondequiera que vayas."

Explicación

No se deje vencer por el miedo. No permita que sus circunstancias lo intimiden. Lleve a Dios en su interior a donde sea que vaya y saldrá victorioso.

Consejo de Oración

Ore por coraje.

Lunes

¿Cómo tener coraje puede beneficiar a su pareja? Tómese el tiempo para comunicarle a Dios por qué cree que esta solicitud es importante para su pareja.

Mi oración por mi pareja:

_____
_____
_____
_____
_____
_____
_____
_____
_____
_____
_____

Martes

¿Cómo tener coraje puede beneficiar a sus hijos? Tómese el tiempo para comunicarle a Dios por qué cree que esta solicitud es importante para ellos.

Mi oración para mis hijos:

_____
_____
_____
_____
_____
_____
_____
_____
_____
_____
_____
_____
_____

Miércoles

¿Cómo tener coraje puede beneficiar a su familia? Tómese el tiempo para comunicarle a Dios por qué cree que esta solicitud es importante para ellos.

Mi Oración para mi familia:

_____
_____
_____
_____
_____
_____
_____
_____
_____
_____
_____

Jueves

¿Cómo tener coraje puede beneficiar a su iglesia y pastor? Tómese el tiempo para comunicarle a Dios por qué cree que esta solicitud es importante para ellos.

Mi Oración para mi iglesia y pastor:

_____
_____
_____
_____
_____
_____
_____
_____
_____
_____
_____

Viernes

¿Cómo tener coraje puede beneficiar a su jefe y compañeros de trabajo? Tómese el tiempo para comunicarle a Dios por qué cree que esta solicitud es importante para ellos.

Mi oración para mi jefe y compañeros de trabajo:

_____
_____
_____
_____
_____
_____
_____
_____
_____
_____
_____
_____

Sábado

¿Cómo tener coraje puede beneficiar a sus enemigos? Tómese el tiempo para comunicarle a Dios por qué cree que esta solicitud es importante para ellos.

Mi Oración para mis enemigos:

_____
_____
_____
_____
_____
_____
_____
_____
_____
_____
_____
_____
_____

Domingo

¿Cómo tener coraje puede beneficiarle? Tómese el tiempo para comunicarle a Dios por qué cree que esta solicitud es importante.

Mi Oración para mí:

_____
_____
_____
_____
_____
_____
_____
_____
_____
_____
_____
_____
_____

Semana 5

Juan 14:27

"La paz os dejo, mi paz os doy; yo no os la doy como el mundo la da. No se turbe vuestro corazón, ni tenga miedo."

Explicación

Poseer la paz de Dios es importante. A diferencia de las personas que pueden dar algo y retirarlo, cuando Dios le da algo, no tiene que preocuparse de que Él cambie de opinión.

Consejo de Oración

Ore por la Paz de Dios.

Lunes

¿Cómo poseer la paz de Dios puede beneficiar a su pareja? Tómese el tiempo para comunicarle a Dios por qué cree que esta solicitud es importante para su pareja.

Mi oración por mi pareja:

_____
_____
_____
_____
_____
_____
_____
_____
_____
_____
_____

Martes

¿Cómo poseer la paz de Dios puede beneficiar a sus hijos? Tómese el tiempo para comunicarle a Dios por qué cree que esta solicitud es importante para ellos.

Mi oración para mis hijos:

_____
_____
_____
_____
_____
_____
_____
_____
_____
_____
_____
_____
_____
_____

Miércoles

¿Cómo poseer la paz de Dios puede beneficiar a su familia? Tómese el tiempo para comunicarle a Dios por qué cree que esta solicitud es importante para ellos.

Mi Oración para mi familia:

_____
_____
_____
_____
_____
_____
_____
_____
_____
_____
_____
_____

Jueves

¿Cómo poseer la paz de Dios puede beneficiar a su iglesia y pastor? Tómese el tiempo para comunicarle a Dios por qué cree que esta solicitud es importante para ellos.

Mi Oración para mi iglesia y pastor:

_____
_____
_____
_____
_____
_____
_____
_____
_____
_____
_____
_____

Viernes

¿Cómo poseer la paz de Dios puede beneficiar a su jefe y compañeros de trabajo? Tómese el tiempo para comunicarle a Dios por qué cree que esta solicitud es importante para ellos.

Mi oración para mi jefe y compañeros de trabajo:

_____
_____
_____
_____
_____
_____
_____
_____
_____
_____
_____

Sábado

¿Cómo poseer la paz de Dios puede beneficiar a sus enemigos? Tómese el tiempo para comunicarle a Dios por qué cree que esta solicitud es importante para ellos.

Mi Oración para mis enemigos:

_____
_____
_____
_____
_____
_____
_____
_____
_____
_____
_____
_____
_____

Domingo

¿Cómo poseer la paz de Dios puede beneficiarle? Tómese el tiempo para comunicarle a Dios por qué cree que esta solicitud es importante.

Mi Oración para mí:

_____
_____
_____
_____
_____
_____
_____
_____
_____
_____

Semana 6
Efesios 4:32

"Antes bien, sed benignos unos con otros, misericordiosos, perdonándoos unos a otros, como también Dios os perdonó a vosotros en Cristo."

Explicación

Siempre muestre bondad y compasión a los demás. Debe estar dispuesto a perdonar a los demás porque necesitamos que Dios nos perdone.

Consejo de Oración

Pida ayuda a Dios para que pueda perdonar.

Lunes

¿Cómo tener un espíritu de perdón puede beneficiar a su pareja? Tómese el tiempo para comunicarle a Dios por qué cree que esta solicitud es importante para su pareja.

Mi oración por mi pareja:

_____
_____
_____
_____
_____
_____
_____
_____
_____
_____

Martes

¿Cómo tener un espíritu de perdón puede beneficiar a sus hijos? Tómese el tiempo para comunicarle a Dios por qué cree que esta solicitud es importante para ellos.

Mi oración para mis hijos:

_____
_____
_____
_____
_____
_____
_____
_____
_____
_____
_____
_____
_____

Miércoles

¿Cómo tener un espíritu de perdón puede beneficiar a su familia? Tómese el tiempo para comunicarle a Dios por qué cree que esta solicitud es importante para ellos.

Mi Oración para mi familia:

_____
_____
_____
_____
_____
_____
_____
_____
_____
_____
_____
_____

Jueves

¿Cómo tener un espíritu de perdón puede beneficiar a su iglesia y pastor? Tómese el tiempo para comunicarle a Dios por qué cree que esta solicitud es importante para ellos.

Mi Oración para mi iglesia y pastor:

_____
_____
_____
_____
_____
_____
_____
_____
_____
_____
_____
_____

Viernes

¿Cómo tener un espíritu de perdón puede beneficiar a su jefe y compañeros de trabajo? Tómese el tiempo para comunicarle a Dios por qué cree que esta solicitud es importante para ellos.

Mi oración para mi jefe y compañeros de trabajo:

_____
_____
_____
_____
_____
_____
_____
_____
_____
_____
_____

Sábado

¿Cómo tener un espíritu de perdón puede beneficiar a sus enemigos? Tómese el tiempo para comunicarle a Dios por qué cree que esta solicitud es importante para ellos.

Mi Oración para mis enemigos:

_____
_____
_____
_____
_____
_____
_____
_____
_____
_____
_____
_____
_____

Domingo

¿Cómo tener un espíritu de perdón puede beneficiarle? Tómese el tiempo para comunicarle a Dios por qué cree que esta solicitud es importante.

Mi Oración para mí:

_____
_____
_____
_____
_____
_____
_____
_____
_____
_____
_____
_____

Semana 7

1 Pedro 2:9

"Mas vosotros sois linaje escogido, real sacerdocio, nación santa, pueblo adquirido para posesión de Dios, para que anunciéis las virtudes de aquel que os llamó de las tinieblas a su luz admirable;"

Explicación

Es elegido por Dios. Le ha elegido para ser diferente. Deje de intentar encajar con todos porque se objetivo era destacar.

Consejo de Oración

Ore por la comprensión de quién Dios lo creó para ser.

Lunes

¿Cómo entender el propósito de Dios puede beneficiar a su pareja? Tómese el tiempo para comunicarle a Dios por qué cree que esta solicitud es importante para su pareja.

Mi oración por mi pareja:

_____
_____
_____
_____
_____
_____
_____
_____
_____
_____

Martes

¿Cómo entender el propósito de Dios puede beneficiar a sus hijos? Tómese el tiempo para comunicarle a Dios por qué cree que esta solicitud es importante para ellos.

Mi oración para mis hijos:

_____
_____
_____
_____
_____
_____
_____
_____
_____
_____
_____
_____
_____
_____

Miércoles

¿Cómo entender el propósito de Dios puede beneficiar a su familia? Tómese el tiempo para comunicarle a Dios por qué cree que esta solicitud es importante para ellos.

Mi Oración para mi familia:

_____
_____
_____
_____
_____
_____
_____
_____
_____
_____
_____

Jueves

¿Cómo entender el propósito de Dios puede beneficiar a su iglesia y pastor? Tómese el tiempo para comunicarle a Dios por qué cree que esta solicitud es importante para ellos.

Mi Oración para mi iglesia y pastor:

_____
_____
_____
_____
_____
_____
_____
_____
_____
_____
_____
_____

Viernes

¿Cómo entender el propósito de Dios puede beneficiar a su jefe y compañeros de trabajo? Tómese el tiempo para comunicarle a Dios por qué cree que esta solicitud es importante para ellos.

Mi oración para mi jefe y compañeros de trabajo:

_____
_____
_____
_____
_____
_____
_____
_____
_____
_____
_____

Sábado

¿Cómo entender el propósito de Dios puede beneficiar a sus enemigos? Tómese el tiempo para comunicarle a Dios por qué cree que esta solicitud es importante para ellos.

Mi Oración para mis enemigos:

_____
_____
_____
_____
_____
_____
_____
_____
_____
_____
_____
_____

Domingo

¿Cómo entender el propósito de Dios puede beneficiarle? Tómese el tiempo para comunicarle a Dios por qué cree que esta solicitud es importante.

Mi Oración para mí:

_____
_____
_____
_____
_____
_____
_____
_____
_____
_____
_____

Semana 8

Proverbios 18:10

"Torreón fuerte es el nombre de Jehová; A él se acogerá el justo, y estará a salvo."

Explicación

Cuando esté pasando por problemas, llame el nombre del Señor y Él lo fortalecerá.
Cuando esté en problemas, Él le protegerá.

Consejo de Oración

Ore por Tener la protección de Dios.

Lunes

¿Cómo Tener la protección de Dios puede beneficiar a su pareja? Tómese el tiempo para comunicarle a Dios por qué cree que esta solicitud es importante para su pareja.

Mi oración por mi pareja:

_____
_____
_____
_____
_____
_____
_____
_____
_____
_____
_____
_____

Martes

¿Cómo Tener la protección de Dios puede beneficiar a sus hijos? Tómese el tiempo para comunicarle a Dios por qué cree que esta solicitud es importante para ellos.

Mi oración para mis hijos:

_____
_____
_____
_____
_____
_____
_____
_____
_____
_____
_____
_____
_____

Miércoles

¿Cómo Tener la protección de Dios puede beneficiar a su familia? Tómese el tiempo para comunicarle a Dios por qué cree que esta solicitud es importante para ellos.

Mi Oración para mi familia:

_____
_____
_____
_____
_____
_____
_____
_____
_____
_____
_____

Jueves

¿Cómo Tener la protección de Dios puede beneficiar a su iglesia y pastor? Tómese el tiempo para comunicarle a Dios por qué cree que esta solicitud es importante para ellos.

Mi Oración para mi iglesia y pastor:

_____
_____
_____
_____
_____
_____
_____
_____
_____
_____
_____
_____

Viernes

¿Cómo Tener la protección de Dios puede beneficiar a su jefe y compañeros de trabajo? Tómese el tiempo para comunicarle a Dios por qué cree que esta solicitud es importante para ellos.

Mi oración para mi jefe y compañeros de trabajo:

_____
_____
_____
_____
_____
_____
_____
_____
_____
_____
_____

Sábado

¿Cómo Tener la protección de Dios puede beneficiar a sus enemigos? Tómese el tiempo para comunicarle a Dios por qué cree que esta solicitud es importante para ellos.

Mi Oración para mis enemigos:

_____
_____
_____
_____
_____
_____
_____
_____
_____
_____
_____
_____

Domingo

¿Cómo Tener la protección de Dios puede beneficiarle? Tómese el tiempo para comunicarle a Dios por qué cree que esta solicitud es importante.

Mi Oración para mí:

_____
_____
_____
_____
_____
_____
_____
_____
_____
_____
_____

Semana 9

Salmos 46:1

"Dios es nuestro amaro y fortaleza, Nuestro pronto auxilio en las tribulaciones."

Explicación

Dios no nos abandona cuando atravesamos situaciones difíciles. Quiere ayudarnos con nuestros problemas.

Consejo de Oración

Pídale a Dios que sea su fuerza cuando se sienta abrumado.

Lunes

¿Cómo confiar completamente en Dios puede beneficiar a su pareja? Tómese el tiempo para comunicarle a Dios por qué cree que esta solicitud es importante para su pareja.

Mi oración por mi pareja:

_____
_____
_____
_____
_____
_____
_____
_____
_____
_____
_____

Martes

¿Cómo confiar completamente en Dios puede beneficiar a sus hijos? Tómese el tiempo para comunicarle a Dios por qué cree que esta solicitud es importante para ellos.

Mi oración para mis hijos:

_____
_____
_____
_____
_____
_____
_____
_____
_____
_____
_____
_____

Miércoles

¿Cómo confiar completamente en Dios puede beneficiar a su familia? Tómese el tiempo para comunicarle a Dios por qué cree que esta solicitud es importante para ellos.

Mi Oración para mi familia:

_____
_____
_____
_____
_____
_____
_____
_____
_____
_____
_____

Jueves

¿Cómo confiar completamente en Dios puede beneficiar a su iglesia y pastor? Tómese el tiempo para comunicarle a Dios por qué cree que esta solicitud es importante para ellos.

Mi Oración para mi iglesia y pastor:

_____
_____
_____
_____
_____
_____
_____
_____
_____
_____
_____
_____

Viernes

¿Cómo confiar completamente en Dios puede beneficiar a su jefe y compañeros de trabajo? Tómese el tiempo para comunicarle a Dios por qué cree que esta solicitud es importante para ellos.

Mi oración para mi jefe y compañeros de trabajo:

_____
_____
_____
_____
_____
_____
_____
_____
_____
_____

Sábado

¿Cómo confiar completamente en Dios puede beneficiar a sus enemigos? Tómese el tiempo para comunicarle a Dios por qué cree que esta solicitud es importante para ellos.

Mi Oración para mis enemigos:

_____
_____
_____
_____
_____
_____
_____
_____
_____
_____
_____
_____

Domingo

¿Cómo confiar completamente en Dios puede beneficiarle? Tómese el tiempo para comunicarle a Dios por qué cree que esta solicitud es importante.

Mi Oración para mí:

_____
_____
_____
_____
_____
_____
_____
_____
_____
_____
_____

Semana 10

1 Pedro 4:8

"Y, ante todo, tened entre vosotros ferviente amor; porque el amor cubrirá multitud de pecados."

Explicación

Siempre debes poder demostrar el amor de Dios a los demás a pesar de la situación.

Consejo de Oración

Pídale a Dios que le muestre cómo amar incondicionalmente.

Lunes

¿Cómo mostrar amor sin condiciones puede beneficiar a su pareja? Tómese el tiempo para comunicarle a Dios por qué cree que esta solicitud es importante para su pareja.

Mi oración por mi pareja:

_____
_____
_____
_____
_____
_____
_____
_____
_____
_____

Martes

¿Cómo mostrar amor sin condiciones puede beneficiar a sus hijos? Tómese el tiempo para comunicarle a Dios por qué cree que esta solicitud es importante para ellos.

Mi oración para mis hijos:

_____
_____
_____
_____
_____
_____
_____
_____
_____
_____
_____
_____
_____
_____

Miércoles

¿Cómo mostrar amor sin condiciones puede beneficiar a su familia? Tómese el tiempo para comunicarle a Dios por qué cree que esta solicitud es importante para ellos.

Mi Oración para mi familia:

_____
_____
_____
_____
_____
_____
_____
_____
_____
_____
_____

Jueves

¿Cómo mostrar amor sin condiciones puede beneficiar a su iglesia y pastor? Tómese el tiempo para comunicarle a Dios por qué cree que esta solicitud es importante para ellos.

Mi Oración para mi iglesia y pastor:

_____
_____
_____
_____
_____
_____
_____
_____
_____
_____
_____
_____

Viernes

¿Cómo mostrar amor sin condiciones puede beneficiar a su jefe y compañeros de trabajo? Tómese el tiempo para comunicarle a Dios por qué cree que esta solicitud es importante para ellos.

Mi oración para mi jefe y compañeros de trabajo:

_____
_____
_____
_____
_____
_____
_____
_____
_____
_____
_____

Sábado

¿Cómo mostrar amor sin condiciones puede beneficiar a sus enemigos? Tómese el tiempo para comunicarle a Dios por qué cree que esta solicitud es importante para ellos.

Mi Oración para mis enemigos:

_____
_____
_____
_____
_____
_____
_____
_____
_____
_____
_____

Domingo

¿Cómo mostrar amor sin condiciones puede beneficiarle? Tómese el tiempo para comunicarle a Dios por qué cree que esta solicitud es importante.

Mi Oración para mí:

_____
_____
_____
_____
_____
_____
_____
_____
_____
_____
_____

Semana 11

Lucas 12:7

"Pues aún los cabellos de vuestra cabeza están todos contados. No temáis, pues; vosotros valéis más que muchos pajarillos."

Explicación

Dios sabe todo sobre usted, incluida la de cabellos de su cabeza. Entonces, si Él se toma el tiempo para conocer las cosas "pequeñas", eso demuestra lo valioso que usted es.

Consejo de Oración

Pídale a Dios que le muestre cómo valorarse a sí mismo.

Lunes

¿Cómo entender el valor propio puede beneficiar a su pareja? Tómese el tiempo para comunicarle a Dios por qué cree que esta solicitud es importante para su pareja.

Mi oración por mi pareja:

_____
_____
_____
_____
_____
_____
_____
_____
_____
_____
_____
_____

Martes

¿Cómo entender el valor propio puede beneficiar a sus hijos? Tómese el tiempo para comunicarle a Dios por qué cree que esta solicitud es importante para ellos.

Mi oración para mis hijos:

_____
_____
_____
_____
_____
_____
_____
_____
_____
_____
_____
_____

Miércoles

¿Cómo entender el valor propio puede beneficiar a su familia? Tómese el tiempo para comunicarle a Dios por qué cree que esta solicitud es importante para ellos.

Mi Oración para mi familia:

_____
_____
_____
_____
_____
_____
_____
_____
_____
_____

Jueves

¿Cómo entender el valor propio puede beneficiar a su iglesia y pastor? Tómese el tiempo para comunicarle a Dios por qué cree que esta solicitud es importante para ellos.

Mi Oración para mi iglesia y pastor:

_____
_____
_____
_____
_____
_____
_____
_____
_____
_____
_____
_____

Viernes

¿Cómo entender el valor propio puede beneficiar a su jefe y compañeros de trabajo? Tómese el tiempo para comunicarle a Dios por qué cree que esta solicitud es importante para ellos.

Mi oración para mi jefe y compañeros de trabajo:

_____
_____
_____
_____
_____
_____
_____
_____
_____
_____
_____

Sábado

¿Cómo entender el valor propio puede beneficiar a sus enemigos? Tómese el tiempo para comunicarle a Dios por qué cree que esta solicitud es importante para ellos.

Mi Oración para mis enemigos:

_____
_____
_____
_____
_____
_____
_____
_____
_____
_____
_____
_____

Domingo

¿Cómo entender el valor propio puede beneficiarle? Tómese el tiempo para comunicarle a Dios por qué cree que esta solicitud es importante.

Mi Oración para mí:

_____
_____
_____
_____
_____
_____
_____
_____
_____
_____
_____

Semana 12

Isaías 41:10

"No temas, porque yo estoy contigo; no desmayes, porque yo soy tu Dios; yo te doy vigor; sí, yo te ayudaré, y siempre te sostendré con la diestra de mi justicia."

Explicación

No tenemos por qué tener miedo de nada porque Dios está con nosotros. Él siempre estará con nosotros y nos ayudará cuando sea necesario.

Consejo de Oración

Ore para que el espíritu de orgullo no se apodere de su persona.

Lunes

¿Cómo superar el espíritu de orgullo puede beneficiar a su pareja? Tómese el tiempo para comunicarle a Dios por qué cree que esta solicitud es importante para su pareja.

Mi oración por mi pareja:

_____
_____
_____
_____
_____
_____
_____
_____
_____
_____
_____
_____

Martes

¿Cómo superar el espíritu de orgullo puede beneficiar a sus hijos? Tómese el tiempo para comunicarle a Dios por qué cree que esta solicitud es importante para ellos.

Mi oración para mis hijos:

_____
_____
_____
_____
_____
_____
_____
_____
_____
_____
_____
_____
_____

Miércoles

¿Cómo superar el espíritu de orgullo puede beneficiar a su familia? Tómese el tiempo para comunicarle a Dios por qué cree que esta solicitud es importante para ellos.

Mi Oración para mi familia:

_____
_____
_____
_____
_____
_____
_____
_____
_____
_____
_____
_____

Jueves

¿Cómo superar el espíritu de orgullo puede beneficiar a su iglesia y pastor? Tómese el tiempo para comunicarle a Dios por qué cree que esta solicitud es importante para ellos.

Mi Oración para mi iglesia y pastor:

_____
_____
_____
_____
_____
_____
_____
_____
_____
_____
_____

Viernes

¿Cómo superar el espíritu de orgullo puede beneficiar a su jefe y compañeros de trabajo? Tómese el tiempo para comunicarle a Dios por qué cree que esta solicitud es importante para ellos.

Mi oración para mi jefe y compañeros de trabajo:

_____
_____
_____
_____
_____
_____
_____
_____
_____
_____
_____

Sábado

¿Cómo superar el espíritu de orgullo puede beneficiar a sus enemigos? Tómese el tiempo para comunicarle a Dios por qué cree que esta solicitud es importante para ellos.

Mi Oración para mis enemigos:

_____
_____
_____
_____
_____
_____
_____
_____
_____
_____
_____
_____

Domingo

¿Cómo superar el espíritu de orgullo puede beneficiarle? Tómese el tiempo para comunicarle a Dios por qué cree que esta solicitud es importante.

Mi Oración para mí:

_____
_____
_____
_____
_____
_____
_____
_____
_____
_____

Semana 13
Salmos 55:22

"Echa sobre Jehová tu carga, y él te sustentará; No dejará para siempre caído al justo."

Explicación

Cualquier cosa que le moleste o preocupe, debe dársela a Dios. Cuando le pertenece Él no permitirá que le sucedan cosas malas.

Consejo de Oración

Ore para que Dios elimine la preocupación y la reemplace con fe.

Lunes

¿Cómo operar en fe puede beneficiar a su pareja? Tómese el tiempo para comunicarle a Dios por qué cree que esta solicitud es importante para su pareja.

Mi oración por mi pareja:

_____
_____
_____
_____
_____
_____
_____
_____
_____
_____
_____
_____

Martes

¿Cómo operar en fe puede beneficiar a sus hijos? Tómese el tiempo para comunicarle a Dios por qué cree que esta solicitud es importante para ellos.

Mi oración para mis hijos:

_____
_____
_____
_____
_____
_____
_____
_____
_____
_____
_____
_____
_____

Miércoles

¿Cómo operar en fe puede beneficiar a su familia? Tómese el tiempo para comunicarle a Dios por qué cree que esta solicitud es importante para ellos.

Mi Oración para mi familia:

_____
_____
_____
_____
_____
_____
_____
_____
_____
_____
_____
_____

Jueves

¿Cómo operar en fe puede beneficiar a su iglesia y pastor? Tómese el tiempo para comunicarle a Dios por qué cree que esta solicitud es importante para ellos.

Mi Oración para mi iglesia y pastor:

_____
_____
_____
_____
_____
_____
_____
_____
_____
_____
_____
_____
_____

Viernes

¿Cómo operar en fe puede beneficiar a su jefe y compañeros de trabajo? Tómese el tiempo para comunicarle a Dios por qué cree que esta solicitud es importante para ellos.

Mi oración para mi jefe y compañeros de trabajo:

_____
_____
_____
_____
_____
_____
_____
_____
_____
_____
_____
_____

Sábado

¿Cómo operar en fe puede beneficiar a sus enemigos? Tómese el tiempo para comunicarle a Dios por qué cree que esta solicitud es importante para ellos.

Mi Oración para mis enemigos:

_____
_____
_____
_____
_____
_____
_____
_____
_____
_____
_____
_____

Domingo

¿Cómo operar en fe puede beneficiarle? Tómese el tiempo para comunicarle a Dios por qué cree que esta solicitud es importante.

Mi Oración para mí:

_____
_____
_____
_____
_____
_____
_____
_____
_____
_____
_____
_____

Epílogo

La esperanza es que ahora que ha llegado al final de este diario, haya aprendido:

> Que la oración no se trata solo de usted
>
> Cómo orar de manera más eficaz
>
> Cómo buscar la paz de Dios

También oro para que haya obtenido una mayor sensación de paz de la que poseía hace 13 Semanas. Mi deseo es que cuando las tormentas de la vida comiencen a tocar a su puerta, pueda aplicar los principios de oración que ha aprendido. No se deje vencer por la preocupación y el miedo. Recuerde confiar continuamente en Dios.

Toneal M. Jackson es un autor galardonado a nivel nacional e internacional; Editor; y orador inspirador. Es la fundadora de Artists Promoting Success, así como de #ImGladToBeAWoman, una organización que empodera a las mujeres.

En 2012, CBS Chicago la nombró una de las "5 autoras y editoras independientes a las que hay que prestar atención". Fue incorporada a la Liga Profesional de Mujeres Jóvenes en 2016 y a POWER (Organización Profesional de Mujeres de Excelencia reconocida) en 2018. En 2019, recibió el premio I Change Nations Award por su trabajo en la industria literaria. Para obtener más información sobre Toneal, visite: www.AWEInspiringCoach.com

Otros Libros de Toneal M. Jackson:

Cómo Complacer a su Pareja: Una Guía Espiritual Para la Felicidad
Cuatro Chicas: Muchas Opciones
Cuatro Chicas Aprenden sus Colores
Es una forma de decirlo todo: Cómo comunicarse con sus Hijos
Es una forma de decirlo todo: Cómo Comunicarse con su Pareja para ser Feliz
Ella Está Fuera. Estoy Inspirada desde ARRIBA.
Aprendiendo a Amarme
Ámame, Por Favor
Ser una Autor Emprendedor: Cómo Triunfar en el Mundo de los Libros
La carrera Hacia el Anillo: Las siete C de un Noviazgo Exitoso
Antología del Fruto del Espíritu: Tomar los Momentos Amargos de la Vida y Hacerlos Dulces
Orando con Propósito para Mi Vida (Diario)
Orando por los Problemas de mi Vida (Diario)
Orando por Prosperidad en mi Vida (Diario)
Alabando a Través de la Pandemia

www.ingramcontent.com/pod-product-compliance
Lightning Source LLC
LaVergne TN
LVHW051845080426
835512LV00018B/3088